Mario Wirz
Vorübergehend unsterblich

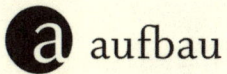 aufbau

Mario Wirz

Vorübergehend unsterblich

Gedichte

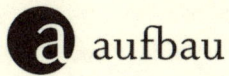 aufbau

ISBN 978-3-351-03314-9

Aufbau ist eine Marke
der Aufbau Verlag GmbH & Co. KG

1. Auflage 2010
© Aufbau Verlag GmbH & Co. KG, Berlin 2010
Einbandgestaltung hißmann, heilmann, hamburg
Typographie Peter Birmele
Druck und Binden CPI – Clausen & Bosse, Leck
Printed in Germany

www.aufbau-verlag.de

In memoriam Tennessee Eisenberg

WANDERER

Wurzeln
will schlagen
Nomadenherz
in dieser Erde
träumt es
sich heimisch
während es
weiter
wandert

Mit den Wolken
heimwärts
für einen Schlaf
Ankunft
überall

Flüchtig
seit Anbeginn
wechsele ich Namen
und Orte
vergesse das Ziel
manchmal
vielleicht
in einem Boot
mit dir

Treibgut
wähne ich mich fündig
auf offener See
verliere ich mich
suchend
aus den Augen

KURS

Nur noch ein Wrack
bestimme ich den Kurs
auf dem Grund
des Meeres
mein Schiff
legt ab

Schiffsglocke ruft
die Mannschaft
aus langem Schlaf
wacht auf
der Seemann
und begrüßt
seinen neuen Kapitän

GESCHENKE

Meine Wolke
die ich mir geangelt hatte
in einer blauen Stunde
gebe ich eines Tages
dem Himmel
zurück
kehrt
der Stern
den du mir schenktest
in einer fernen Nacht
reisen
Wolke und Stern
gemeinsam

SCHATTEN

Von den Träumen bleibt übrig
ein Schatten
der folgt uns
treu
bis ins Grab jeder Hoffnung
drehen wir uns um
wird es Nacht
wird es Morgen
vergessen
wer wir sind oder waren
folgt Schatten
dem Schatten
ein Traum

IN MEINEM ELEMENT

Im Schlaf der Erde
träumt das Feuer
vom Wasser
weiß ich
immer schon
Luftbild
verschwinde ich
erscheine ich
anders

NARBEN

Von Schlaf zu Schlaf
nehme ich mit
die ich gewesen bin
im Traum
einer Sekunde
bleibt mein Gedächtnis
Zeit und Raum
schneidender Splitter
verwundet
den Schläfer
erstaunen später
in einer anderen Kulisse
Narben

AHNEN

Unsere Ahnen folgen uns
in die Gegenwart
taub für den Lärm
der neuen Schamanen
hören sie die alten Götter
und Geister
unsere Zukunft
vorhersagen
als wäre nicht seit Anbeginn
immer Jetzt
mit Blitz und Donner
unsere Vergangenheit
ankündigend
Unsere Ahnen schweigen
und wissen
den
der uns tröstet

SEILTÄNZER

Für Philippe Petit

Für diese Stunde
schreibe ich mich
in die Luft
sicher
dass auch Gott
mein Gedicht liest
tanze ich
mit dem Tod
hoch über der Erde
ist er mir verfallen
in dieser Stunde
bin ich unsterblich

LEIHGABE

Keinen Absturz
fürchte ich
im freien Fall
wachsen mir
die Flügel des Adlers
für einen Schlaf
entkomme ich

HOFFNUNG

Hinfällig
wage ich
den Aufstieg
zum Gipfel
auf meinem Weg
bergab
kehre ich um

SCHWALBENFLUG

Eine Schwalbe
die gegen unser Fenster fliegt
liegt einen Nachmittag lang
tot im Garten
bevor sie ins Leben
zurückkehrt
furchtsam
zittern ihre Flügel
die sie in den Abend tragen
verbündet mit dem Wind
scheint die Schwalbe
zu staunen
hoch über uns
kommt sie mit dem Schrecken
davon

GLÜCK

Dankbar
unter der Sonne
schwelge ich
im Licht
dieser Stunde
Glücklicher Gaukler
folge ich
den Schmetterlingen

LEBEN

Sandkorn
bin ich
am Anfang
am Ende
weht mich der Wind
über jede Grenze
komme ich
wieder
Sandkorn

REISE

Schatten und Licht
nehme ich mit
auf meiner Reise
folgen
Ebbe und Flut
dem Zeichen
des Mondes
folge auch ich

VATER

Unauffindbar scheint Gott
hinter den Wolken
ein Traum von ihm
lässt seine furchtsamen
Kinder schlafen

Jäh
klaut ein schwuler Troll
den Fjord
vor unseren Augen
springt ein Wasserfall
und lacht

Tarnung

Überall Schafe
Katzen Ziegen
offensichtlich
scheue Elche
die sich verwandelt haben
um Aufsehen zu vermeiden

Seinen weiten Weg
weiß
der wilde Wasserfall
hinter sich
wandert
Zeit
in die Zukunft
fallen
Wassertropfen

LÖSUNG

Erschöpft von seinem Schicksal
eine Sehenswürdigkeit zu sein
schrumpft der Gletscher
auf das Maß einer Ansichtskarte

VERWANDLUNG

Die Hütte
einst eine Birke
streckt sich
dem Licht entgegen
wächst sie
über unsere Tage
hinaus

VERSTEINERUNG

Von den Träumen im Tal
nährt der Berggeist
seine Erinnerungen
an eine Zeit
ohne steinernen Körper
glühte und strömte
sein Leben
noch nicht gefangen
in kolossaler Gestalt

Ein Bär
der sich in dieser Gegend
rumtreibt
fängt Lachsforellen
für uns
zweimal die Woche
legt er sein Geschenk
vor unsere Tür
Wir revanchieren uns
mit Honig
und lauten Touristen
aus den Nachbarhütten

HÖHENRAUSCH

Süchtig nach Schnee
klettern Tannen
gierig
Bergwände
hoch
kommen sie
leicht
im weißen Rausch
den der Gipfel
verspricht

LEHRER

Wunschlosigkeit
lehrt mich
der Stein
an diesem Nachmittag
unter der Sonne
fehlt nichts
dem Glück

ZEIT

Kein Stein
verschweigt die Geschichte
seiner Reise
durch die Zeit
rollt er
weiter
während er auf dem Flussbett
zu schlafen scheint
vergehen
Millionen Jahre
in einer Sekunde

Unaufhörlich
Berg- und Talfahrt
spielen Tag und
Nacht
Auf und ab
geht es
über jeden Abgrund
lachen schrill
Geister und Trolle
jagen Touristen
ins Bockshorn
auf Messers Schneide
fahren die Busse
rauf und runter
unaufhörlich

Umzingelung

Der kleine See
Geisel
gewaltiger Berge
träumt tapfer
unter den Wolken
Vielleicht sind die steinernen
Wächter
seine großen Brüder
die ihn beschützen
vor etwas
das er nicht sehen kann

EISENHUT

Von Zeit zu Zeit
wüten
die schweigsamen Berge
gegen sich selbst
und alle Hütten
die gottesfürchtig
zu viel Nähe
wagen
Auf den Gräbern
der Erschlagenen
wachsen
Schierling Alraune
und Stechapfel
Den weißen Eisenhut
lüftet
die Zeit
ihr Geheimnis
grüßt
jeden Wanderer

SPUREN

In dieser Stunde
aus Schnee
verschwand ich
nicht spurlos
gestern
oder vor Jahren
gefror
dieser Augenblick
zu Eis
immer noch sichtbar
sein weißes
Geheimnis

AUSWANDERUNG

Ohne mich
wandert
mein Regenschirm
aus
den Träumen
von Sonne
und Süden
in niederschlagsreiche
Landschaften
flüchtet er
gespannt
auf jeden
Wolkenbruch

GRUND LOS

Das Wasser stieg
plötzlich
über die Bank
am See
auf der wir saßen
abends
zweifelten wir
lange
am Grund

SALUT

Sonnenkönigin
bin ich
im Land der Schatten
eine Fremde
träume ich mich
zurück
in mein Reich
folgt mir
das Licht künftiger Tage
grüßt
seine Königin

ERINNERUNGEN

In unserer Vergangenheit
lungern wir
Diebe
die Hände in den Hosentaschen
klimpern wir mit Stunden
die wir der Zeit stehlen

WIEDERSEHEN

Den Kummer von damals
trifft das Kind
vierzig Jahre später
auf dem Schulhof
erkennen beide
sich wieder

VERBRÜDERUNG

Am Weinstock
wandert
der Tag
durch die Nacht
ziemlich blau
verbrüdert er sich
morgens
mit dem Himmel

LEGENDE

Jung
schienen wir die Schwerkraft
zu besiegen
als wären wir mit Flügeln geboren
liebten wir
ohne Argwohn
der Sonne zu nah
bevor wir abstürzten
in den Rest unseres Lebens

NOTIZ ÜBER DEN VERLUST
MEINER BRILLE

Meinen Blick auf die Welt
erträgt die Brille
nicht länger
schaut sie zu
wie Aussicht
auf andere Tage
vor meinen Augen
verschwindet
alles
im Trüben
ohne sie

Halbnackte Bauarbeiter
auf dem Gerüst
vor meinem Schlafzimmer
träume ich nicht
schamlos früh
am Morgen
fensterln sie
hemmungslos laut
bis ich ihrem Lärm
erliege
und alle erhöre

SOMMER

Nicht vergangen ist dieser Sommer
dessen Hitze mich verwirrt
wie den Hund eines Freundes
der einer dicken Hummel
hinterherbellt
Immer noch sitze ich mit den Freunden
am großen Tisch im Garten
Von den zwei Johannisbeertorten
ist ein Stück übrig
Dieser Sommer ist nicht vorbei

Variationen mit Schnee

Auf dem Schnee von gestern
saust mein Schlitten
mit mir
bergab
falle ich
weißhaarig

JAHRE SPÄTER

Schnee
in unserem ersten Winter
fällt Jahre später
immer noch
auf dem Weg
zurück
schneit es
kein bisschen

WEISS ALLES

Unter meinen Schritten
stöhnt
Schnee
vom vergangenen Jahr
weiß er
noch alles

JENE 25 JAHRE
WEIT ENTFERNTE STRASSE

Für André

Unterm Schnee versteckt
jene 25 Jahre weit entfernte Straße
auf der ich damals aus unserer Nacht
verschwand
mit jedem Schritt
in die Zukunft
blieb mir auf den Fersen
dein Trompetensolo
Stranger in the night
summte ich
schneeblind
inmitten der fallenden Flocken
fiel ich
in den weißen Schlaf kommender Jahre
ein noch unbeschriebenes Blatt
die Fortsetzung unserer Geschichte
unterm Schnee versteckt
Vergangenheit und Zukunft

SCHNEEMÄNNER

Den Spuren folgen wir
zweisam
durch unseren ersten Winter
führen sie uns
an der Nase entlang
bis es im Sommer
schneit
Kein dummer August
wundert sich
über zwei glückliche
Schneemänner

Schneefrei

Unterm Schnee
verschwanden
unsere Stunden
in weißer Stille
standen wir stumm
bis erste Schritte
sanft sanken
auf weißem Grund
schienen wir gleichzeitig
aufzusteigen
staunend
was von uns blieb
war fallend
Schnee

KURZGESCHICHTE

Vorübergehend
unsterblich
leben wir schnell
drauflos
stürmen die Stunden
in ihre Vergänglichkeit
folgen wir
einen Atemzug
später
ist alles vorbei
schon lange

ENGEL

Ein Engel
reißt mir das Herz
aus der Brust
im Vorübergehen
höre ich
diesen Bruchteil einer Sekunde
gegen die Zeit schlagen
hilft
beim Überleben
nur metaphorisch

TRAMTRAUM

Die schlafende Frau in Wien
im Gedicht
in der Tram
träumt
zwischen den Zeilen
vor der Endstation
wacht sie auf
in einem anderen Text
steigt sie aus

Im Park

Dem Goldrausch des Herbstes
verfällt
die Elster
Glanz in den Augen
feiern die Liebenden
Abschied
ist ein Fest
für die Erinnerung
nimmt ein anderer Herbst
kein Blatt vor den Mund
schreibe ich dir
einen Liebesbrief
unter den Bäumen
plündert der Wind
den Goldschatz

ANGLER

Unsere Tage
kleine Fische
angeln wir
in wurmstichigen Stunden
warten wir
dass etwas Großes
am Haken zappelt
irgendwann
lässt es sich fangen
das Glück

BLUTSVERWANDTSCHAFT

Das bisschen Meer in uns
grüßt überschwänglich
das große Meer
antwortet
als erkennte es sich
wieder
rauscht seine Brandung
uns im Blut

In jeder Geschichte

Der Anfang ist geliehen
und auch das Ende
nur geborgt
auf meiner Reise
durch die Zeit
bleiben Jugend
und Alter
in jeder Gestalt
Leihgaben
für einen vergesslichen
Gast
so lange schon
bin ich unterwegs
und verliere
verlässlich
mein Gedächtnis
in jeder Geschichte
erscheine ich
unschuldig
als wüsste ich
nicht

Vor lauter Halbhundertjährigkeit
werde ich still
in dieser Stunde
gehen mir meine Jahre
durch den Sinn
weiter und weiter
gehen sie
mit meinen Fragen
in die Zukunft
auf mein Schicksal zu
das vorläufig
welches Ende auch immer
gnädig verschweigt
vor lauter
Halbhundertjährigkeit

Schatten und Licht
teilen wir uns
mit den Tagen und
Nächten
Fifty-fifty
von allem
was teilbar ist
für jeden die Hälfte
sind wir zweisam
ein Ganzes
Leben

MEISEN

Immer noch Rosinen im Kopf
nährst du
unsere Träume
bleiben
verlässliche Mahlzeit
für alle Meisen

Revanche

Teile ich
jetzt und hier
meinen Apfel
mit dem Wurm
hat er mich
eines Tages
vielleicht
zum Fressen
gern

TROST

Unser Stern
dem wir folgten
hellwach
in allen Träumen
scheint sich Jahrzehnte
später
an uns
zu erinnern

Wenn wir glauben
dass wir erloschen sind
leuchtet er auf
unser Stern

FEST

Der Rausch der Rosen
im Regen
ist ein Fest
in der trunkenen
Nacht
feiern sie
vor unseren Fenstern
während wir schlafen

FALKE

Feder
fiel
mir vor die Füße
flog auf
Falke

NEUJAHRSGEDICHT

Jahr für Jahr

sind wir

in der Ferne

des letzten Tages

am Anfang

von allem

entschlossen

zu jeder Verwandlung

wiederholen wir

unsere Fehler

Gebete

und Wünsche

kennt der Himmel

auswendig

Jahr für Jahr

bleiben wir

rückfällig

dem Wunder

treu

WEG

Allein
vor der Nacht
antworte ich
dem Stern
der mich ruft
am Ende
sind Lichtjahre
ein Leuchtfeuer
für diesen Augenblick
wage ich
den Weg

WERDEGANG

Bevor Gras über meine Geschichte
gewachsen sein wird
laufe ich über das Gras
meiner Vorfahren

GÄSTE

In keinem Haus
bleiben wir
lange
träumen wir
aus den Fenstern
schauen hier
etwas später
Fremde

LINDE

Sekretär einer alten Linde
notiere ich
was der Baum mir diktiert
erscheint in meiner Handschrift
unleserlich
alle Liebesgeschichten
der Vergangenheit
entschlüsselt
das Rotkehlchen
ganz leicht
sinkt eine Feder
auf meine Stunde
unter der Linde

GEHEN

Durch Tage
die vergangen sind
gehen wir
Jetzt
ist morgen
schon gestern
gingen wir

HOMO SAPIENS

Auf das Rätsel
antworten wir
mit Geschwätz
lebenslang
bleiben wir
Lärm

Einsturzgefahr

Unbehaust
wie wir sind
finden wir keine Heimat
im Horst des Adlers
lernen wir nicht
fliegen

Heimatlos
wie wir sind
vertreibt uns die Schnecke
aus ihrem Haus
ziehen wir
mit streunenden Katzen
und Hunden
um die Häuser
der anderen
warnt
kein Schild vor
Einsturzgefahr

MIT JEDEM JAHR

Was ich suche
finde ich nur noch
in mir
gibt es den Ort
und die Stunde
sinken
mit jedem Jahr tiefer
steigen
mit jedem Jahr höher
und höher
über alles
hinaus

BLEIBEN

Bleiben
in deinen Armen
in unserer Geschichte
auf dieser Seite
in dieser Stunde
bleibt
unser Traum
Bleiben

ELIXIER

Von Luft und Liebe
leben wir
nicht lange
teilen wir uns
das Elixier
der Tage und Nächte
mit anderen
bleiben wir
immer hungrig
nach Luft und Liebe

KUNST

Sprachlos
vor dem Rätsel
angele ich Worte
in den Wolken
treibe ich mich rum
lebenslang
Wunschbild
weckt mich
aus blauem Schlaf
manchmal
die Triangel

Ruhm

Nicht tiefer
sinke ich
nicht höher
steige ich
auf
falle ich
anderen Sterblichen
flüchtig
scheine ich
Wer
zu sein

Betört
von einer Wolke
tunkt der Pelikan
seine Feder
in den Tintenfisch
und schreibt
auf das Blatt
der Windrose
Ich liebe dich

DER ALTE HAI

Unerreichbar
diese tollkühnen Robben
auf ihren Surfbrettern
Keine Beute
für den alten Hai
der sich an einer Strandbude
ein großes Eis kauft

REISEZIEL

Je weiter sich das Schiff entfernt
desto näher ist mir der Traum
Unendlich lang
dauert die Reise
wieder und wieder
Ebbe und Flut
bevor es verschwindet
mein Schiff
in den Wolken

LEUCHTTURM AUSSER DIENST

Nicht mehr nötig scheint das Licht
des Leuchtturms
nur noch in der Erinnerung
gibt er Antwort den Schiffen
nachts
träumt er
weithin
sichtbar
sehr hell

SYLT

Nicht länger fragt das Meer
Land
reißt es gewaltsam
mit sich
nimmt es
unsere Sommer
bleiben
Erinnerungen
antworten dem Schrei
der Möwen

EINHANDSEGLER

Unterwegs
inmitten deiner Familie
ist jede Welle dir gewogen
bleibt Bruder Wind
auf deiner Seite
bedroht kein Sturm
dich und das Boot
trägt die Ostsee
schwesterlich
ziehen alle Wolken
mit dir
weiter
schreibe ich
von Land aus
meine Grußworte
auf deine Segel

Matrosen
denke ich mir
aus dem Ärmel
schüttele ich sie
gerne auch windig
gehen sie mir
bei dieser Flaute
nicht aus dem Sinn

Schreit die Möwe
das Meer
müde
träumen die Ertrunkenen
seit Jahrtausenden
das Lied
über dem Meer

Die am Quai vertäuten Boote
reißen sich los von den Trossen
um nachts auf dem Meer
Träume
für den Schlaf der Fischer
zu fangen

So blau

Eine Hütte am See
windschief
mein Bild von Zuhause
der Steg scheint zu schwanken
so blau
wie das Boot
das ich in der Zukunft vertäue
Jetzt
halte ich Ausschau
Kindheit
Jede Sternschnuppe
kennt meinen Wunsch

AUGENBLICK

»ALTE BOOTSWERFT GAGER«

Für André

Du am Steg
im Regen
unter dem bunten
Schirm
ein Glückspilz

HEIMWEH

Das Meer
aus dem wir kamen
immer hinter uns
immer vor uns
irren wir umher
in verletzlichen Häuten
und probieren Lebensläufe
während uns die Jahre
mit Heimweh
überfluten
sind wir ganz nah
dem Meer
in uns

RÜCKKEHR

Heim
leuchtet mir
der Mond
eines Tages
komme ich an
nachts
im Schlaf
zu Hause

ERSTE LIEBE

Purzelbäume
die ich vor deinem Fenster
schlug
wachsen
nach vierzig Jahren
immer noch
über alle nüchternen Tage
hinaus
blüht mir
mein blaues Wunder

FREUDE

Auch die dunklen Tage
sind mit den Jahren
auf unserer Seite
hell geworden
in unserer Geschichte
staunen wir
zweisam
vor diesem Morgen

Honig

Nicht länger bleibe ich
dünnhäutig
in diesem Winter
lädt mich der alte Bär
in seine Höhle
geborgen an seinem Fell
vergesse ich Kälte
im langen Winterschlaf
finden wir Honig

Tanz

Eine Wolke
zwischen Tag und Nacht
regnet es
Jahre später
an einen Nachmittag
erinnere ich mich
an was
habe ich vergessen
im Regen
tanzt mein Schirm
ohne mich

DIÄT

Für meinen Arzt Thomas Wünsche

Auf Salatblätter schreibe ich
Liebesbriefe
an Äpfel und Birnen
und alles
was gesund ist
Auf keinen grünen Zweig
dichte ich mich
während ich an Sahnetorten
denke
unter Gin-Tonic-Wolken
im Champagnerregen
gedeihen üppig
Pastapizzapralinenfelder
In dürren Träumen
käue ich wieder
und wieder
Gras
mit genügsamen Kühen
Tag für Tag
Gras

Besuch

Herz
klopft
an unsere Zeit
Willkommen
ruft
die Stunde

NOTATE BEIM ÄLTERWERDEN

Eben gerade hat eine Diebin
mir mein Gesicht gestohlen
vergeblich
suche ich meinen Mund
um zu schreien

Einen Augenblick lang
hatte ich nicht aufgepasst
Als ich mich umdrehte
war es Abend

FESTUNG

Wir sind noch da
obwohl unsere Körper uns
schon vor Jahren
verlassen haben
So kolossal
wie die Trauer
ist der neue Leib
der unserem Restleben
wächst
Unsere fleischliche
Festung

BLUFF

Arthrose und Krampfadern
in beiden Beinen
aber draufgängerisch
als könnten wir dem Lauf
der Zeit trotzen
als ließe sich der unsichtbare
Zuschauer bluffen

Über Nacht bin ich
ein anderer geworden
Fremd
gehe ich nun
durch meine Tage
und suche den
der ich gewesen bin

Unbekannt verzogen

Meine Freunde will ich fragen
ob einer von ihnen weiß
wo ich geblieben bin
aber meine Freunde scheinen
fortgezogen
Alte Männer wohnen jetzt
in ihren Häusern

SESSHAFTIGKEIT

Behaust wollen wir sein
im Nest der Schwalbe
bleibt unsere Sehnsucht
nach vergangenen Sommern
jagen wir
mit alten Wölfen und Füchsen
rastlos
in jedem Bau

Frühling

Aufs Dach
steigt eine Sehnsucht
durch alle Wände
geht sie
und öffnet
Fenster und Türen
weit

NEUE ADRESSE

Nur eine kleine Himmelsleiter
brauchen wir
für unser Baumhaus
rückt das Eichhörnchen
auf die Seite
glücklicher Tage
fällt manchmal
Regen
über den Tatsachen
singen alle Meisen
mit uns

IGLU

Schnee
immerzu Schnee
nährt alle Stunden
in meinem Iglu
wächst mir
ein weißes Fell
über alle Tage
fällt Schnee
immerzu Schnee
füttert alle Jahre
in meinem Iglu
wächst mir
ein weißes Schicksal
über mein Leben
die Landschaft
weiß
alles

LOCKRUF

Vor meinen Träumen
fliehen die Tage
jahrein
jahraus
höre ich den Ruf
der Zugvögel
im Winter
erinnert mich das Feuer
im Kamin
an eine andere Geschichte

SELBSTBILD

Von den vielen
die ich bin
sind alle
mir unbekannt
nur vom Hörensagen
kenne ich
den einen
die andere
flüchtig
bleibe ich
mir auf der Spur

Ich

Finde ich mich
im launenhaften Spiegel
des Morgens
verliere ich mich
in der Mittagszeit
unbeschwert
suche ich mich
am Nachmittag
eine Weile
vermisse ich mich
abends
im Zwielicht
träume ich mich
nicht lange
nachts
schlafe ich mich
aus

SICHTWEISEN

Links
Rechts
deuten mich viele
Oben
Unten
wähnen mich andere
Hoch
Tief
behaupten einige
Breit
der eine
Schief
die andere
Innen
Außen
mutmaßen wenige
Deutlich
Verwackelt
sieht jeder
was er denkt
über mich

FREMDBILD

Weder Engel noch Teufel
nicht gut oder böse
überlebe ich
Himmel und Hölle
den Nachbarn zum Trotz
fahre ich mir aus der Haut
ihnen den Buckel runter

SCHEMEN

Wen sehe ich
Tag und Nacht
Schemen
sehen mich
träumen
Schatten und Licht
Jahrein
Jahraus
sehe ich
wen

BILD

Wer wir sind
sieht
keiner
blickt durch
das Bild
schaut
uns
hinterher

Zirkus

1

Aus dem Fenster werfe ich
mein Geld
in die Hüte der Seiltänzer
Wer auf der Hut ist
geht leer
aus

2

Vielleicht jetzt unter dem Staub

meiner Stunden

wäre wünschenswert

der Elefant im Porzellanladen

die Zerbrechlichkeit der Teller

und Tassen

ein Rausch

3

Dem nächsten Sprung des Löwen
verweigert sich
der brennende Reifen
rollt
in wessen Schlaf
tanzt
der Feuerteufel

4

Die Sehnsucht der Füchse
Abendrot
über den Städten

5

Über meinen Schatten
springen
soll ich
dummer August
für alle Jahreszeiten
geht mir ein Licht auf
lache ich
über
meinen Schatten

6

Spiegelfechterei
Tag für Tag
Ich
gegen
Ich
von Anfang
bis Ende
scheint alles
ein Spiel
Sieg oder Niederlage
keine Pause
erlauben die Regeln
den Gewinnern
den Verlierern
geht jäh
die Luft aus
beim Schattenboxen

7

Mein jämmerliches Nervenbündel
schnüre ich fest
und lasse es
irgendwo liegen
unterwegs
werde ich jetzt
auch im Haifischbecken
überleben

8

Immer wieder
versetze ich
Berge
Das ist doch der Gipfel
glauben Sie

9

Dieses Gedicht bewohne ich
eine Zeitlang
vermietet mir die Schnecke
ihr Haus
schützt mich
vor schnellen Sätzen
bin ich sicher
weggezogen
in dieses Gedicht

10

Aus jedem Elefanten
mache ich eine Mücke
die sticht
außer sich
drauflos

11

Der Sturm im Wasserglas
träumt
von seinen fernen Brüdern
hört er nur selten
bei Tischgesprächen

12

Ohne Netz
zu weit oben
halte ich
gefallsüchtig
an jemandes Händen
wie lange noch
durch

13

Zu kalt sind diese Nächte
dem alten Feuerschlucker
Keine Flamme
erhört
sein Flehen

Grimassen
schneiden wir
Zeit und Raum
uns ins eigene Fleisch
schneiden
am Ende
Pathologen
Possenreißer
auf
Anfang
die Schmiere
schneiden wir
weiter
Grimassen

15

Jemand
an den ich mich nicht
erinnern kann
vergisst mich
plötzlich
am helllichten Tag
sind wir
unsichtbar

Was ich denke
geschieht
verspielt
geht ein Kamel
durch das Nadelöhr
reite ich drauf rum
bis es mich abwirft
warum auch immer
streut Sand
mir in die Augen
jeder Tag
in der Wüste
ein Trick

Eigentlich bin ich eine Möwe
denkt das Nilpferd
und fliegt
über das Meer

Die Sonne geht unter
im Meer
ziemlich theatralisch
in diesem Naturschauspiel
scheint
zu viel Kunst

19

Komme ich
mit dem Alter
auf den Hund
suche ich mir
einen Stock

20

Zum Affen
mache ich mich
vor jedem Spiegel
lacht
wer
wen
aus

21

Den Weisen
rollt
der Stein
davon
legt sich
Unbekannten
in den Weg

Über
den Stein der Weisen
stolpere ich
vielleicht
ein Glücksfall

23

Fünftes Rad
am Wagen
falle ich
aus der Rolle
unbeschwert
und ohne Ziel
geht es
auf Abwegen
weiter

24

Auf der Hut
zaubert
der Hase
dem verblüfften
Jäger
einen Zauberer
vor die Flinte

Den Fischer
angelt sich
die Flunder
flink
und genießt
den Neid
der Dorade

Was ich denke
an einem Frühlingsmorgen
im Wald
hört
das Eichhörnchen
verwundert
klettert es
den Purzelbaum
rauf
runter
wieder hoch
und schenkt mir
eine Kopfnuss

27

Tag für Tag
zeigt der alte Gaul
Dankbarkeit
seinen Wohltätern
für das ihm gewährte
Gnadenbrot
und träumt
nur manchmal
von einer gnädigen Kugel

28

Dem Tod stiehlt er sich
mit allen Tricks
auf und davon
der Dieb
verschlagen sein Herz
auf der Seite des Lebens
raubt er
Stunde um Stunde
dem Tod

29

Die Schnapsfahne hisse ich
feierlich
an nüchternen Tagen
salutieren
alle Säufer der Stadt

30

Heißblütig
folgt
närrische Sonne
dem Mond
der sie meidet
wahrscheinlich schwul
lästert
ein Sternchen

Mit der Feder der Nachtigall
lassen sich heute keine Bestseller
mehr schreiben
würde der Pelikan gerne
dem Tintenfisch mailen
doch sein anachronistischer Kollege
verweigert sich stur
einem Internetanschluss
und bedichtet
immer noch auf alte Weise
den Mond

32

Weil wir wissen
dass unser Ende
mit dem Anfang
beginnt
wissen wir
dazwischen
nichts
mit uns
anzufangen

33

Maus
jagt
Kater
zum Teufel
mit unserem
Schicksal

34

Unsere Träume
bleiben
uns
treu
schwindelnd
über Tatsachen
die es noch
nicht gibt

35

Gras wachsen
höre ich
geduldig
vertreibt mir
ein Schmetterling
die Zeit

36

Ein Clown
kündigt an
die letzte Nummer
mit verbundenen Augen
jongliert er
auf einem Seil
mit unseren Tagen

Inhalt